宋元閩刻精華

福建省文史研究館 編

宋刊老子道德經

（漢）河上公 章句

海峽出版發行集團
THE STRAITS PUBLISHING & DISTRIBUTING GROUP
福建人民出版社

據宋刊本影印原書版
框高營造尺六寸二分
寬四寸

前言

福建自宋代起，由於經濟迅速發展，帶動文化、教育事業全面進步。而官學、私學的發達，閩學的創立與傳播，科舉的興盛，以及雕版印刷資源的豐富和水上交通運輸的便利，都促成福建刻書業的快速崛起。福建建陽隨即與浙江杭州、四川眉山並列爲全國三大刻書中心。這種興旺景象在元代得到持續發展，並一直延續到明末。

宋元時期的福建刻書以其刻書數量多，行銷範圍廣，影響整個中國乃至周邊國家。宋祝穆云『（建陽）麻沙、崇化兩坊產書，號爲圖書之府』；葉夢得言『福建本幾遍天下』；朱熹也稱『建陽版本書籍行四方者無遠不至』；宋元之際熊禾亦謂建版『書籍高麗日本通』。從這些文字中不難想見當時的盛況。

宋元福建刻書不僅在當時影響巨大，其中的精華部分，如泉州州學刻《禹貢論》，蔡夢弼刻《史記集解索隱》、《杜工部草堂詩箋》，魏仲舉刻《新刊五百家注音辯昌黎先生文集》、《五百家注音辯唐柳先生文集》，黃善夫刻《史記集解索隱正義》，祝穆刻《方輿勝覽》等，千百年來一直嘉惠士林。由於宋元閩刻古書具有較高的版本價值，爲後人校勘、整理古代文獻提供了刊刻時代早、較接近原貌的底本或校本。清初藏書家、版本校勘學家錢曾在《讀書敏求記》卷四中，對宋麻沙本《王右丞文集》中《送梓州李使君》一詩頷聯作『山中一半雨，樹杪萬重泉』贊賞有加。還是在該書卷四，他對元代建本《增廣音注唐郢州刺史丁卯詩集》的版本價值作了很高的評價：『暇日校用晦詩，元刻增廣者，較宋版多詩幾大半。此又宋本（指宋蜀刻本《丁卯集》）之不如元本矣。』民國時期張元濟主持影印『百衲本二十四史』，前四史中《史記》、《三國志》兩史底本均爲宋時閩刻，蓋取其刊刻時間早，較爲接近古書原貌，版本價值高，合乎『書貴古本』的要求。宋元閩刻精品的特色還體現在版式求新求變，字體美觀，紙墨俱佳，易於喚起士人的閱讀慾、藏家的收藏慾上。如南宋閩刻《陶靖節詩》，清代藏書家周春頗費一番苦心，終於收得該書之後，將它與宋刻《禮書》並藏一齋，取齋名曰『禮陶齋』。既而失《禮書》，改齋名曰『寶陶齋』。後中他人圈套，不得已售出《陶靖節詩》，復改齋名曰『夢陶齋』。從齋名的更換中可知他對是書的鍾愛。周氏跋《陶靖節詩》略謂：『是書乃世間所希有，宋刻之最精者也。流傳日久，紙墨敝渝，偶從友人處得之，不勝狂喜。』『此本大字端楷，作歐陽率更體，頗便老眼，且校讎亦鮮形夭庚鈞之訛，裝後覆閱數過，誠可寶愛。』其珍愛、喜悅、自得之情躍然紙上。此書後來遞經黄丕烈、汪士鐘、楊紹和、周叔弢等藏書家收藏，一時傳爲書林佳話。

總之，宋元時期的福建刻書是中國出版印刷史上一顆璀璨的明珠，是極其珍貴的文化寶藏和歷史遺產。有鑒於此，福建省文史研究館和福建人民出版社協商一致，通力合作，選擇宋元閩刻中的精華部分，分若干輯予以影印出版，使之化身千百，以饗廣大讀者、研究者和收藏者。

福建省文史研究館　二〇〇八年九月

老子道德經序

太極左仙公葛　玄造

老子體自然而然生乎太無之先起乎無因經歷天地終始不可稱載終乎無終窮乎無窮極乎無極故無極也與大道而倫化爲天地而立根布炁於十方抱道德之至淳浩浩蕩蕩不可名也煥乎其有文章巍巍乎其有成功淵乎其不可量堂堂乎爲神明之宗三光持以朗照天地禀以得生乾坤運以吐精高而無民貴而無位覆載無窮闡敎八方諸

天普弘大道開闢以前復下爲國師代代不
休人莫能知之匠成萬物不言我爲玄之德
也故衆聖所共尊道尊德貴夫莫之命而常
自然惟老氏乎周時復託神李母剖左腋而
生生即皓然號曰老子老子之號因玄而出
在天地之先無衰老之期故曰老子世人謂
老子當始於周代老子之號始於無數之刼
甚窈窈冥冥眇邈久遠矣世衰大道不行西
遊天下關令尹喜曰大道將隱乎願爲我著
書於是作道德二篇五千文上下經焉夫五

千文宣道德之源大無不苞細無不入天人之自然經也余先師有言精進研之則聲叅太極高上遥唱諸天歡樂則攜契玄人靜思期眞則衆妙感會内觀形影則神炁長存體洽道德則萬神震伏禍滅九陰福生十方安國寧家孰能知乎無爲之文誇之不辱飾之不榮撓之不濁澄之不清自然也應道而見傳告無窮常者也故知常曰明大道何爲哉弘之由人斯文尊妙可不極精乎粗述一篇唯有道者寶之焉

河上公者莫知其姓名也漢孝文皇帝時結草爲庵于河之濵常讀老子道德經文帝好老子之言詔命諸王公大臣州牧二千石朝直衆官皆令誦之有所不解數句時天下莫能通者聞侍郎裴楷說河上公誦老子乃遣詔使賫所不了義問之公曰道尊德貴非可遥問也文帝即駕從詣之帝曰普天之下莫非王土率土之賓莫非王臣域中有四大王居其一也子雖有道猶朕民也不能自屈何乃高乎朕足使人富貴貧賤須臾河上公即

拊掌坐躍冉冉在虛空之中如雲之昇去地
百餘丈而止於玄虛良久俛而荅曰今上不
至天中不累人下不居地何民之有陛下焉
能令余富貴貧賤乎帝乃悟之知是神人方
下輦稽首禮謝曰朕以不德忝統先業才不
任大憂於不堪雖治世事而心敬道德直以
暗昧多所不了惟蒙道君弘愍有以教之則
幽夕觀太陽之曜光河上公即授素書老子
道德經章句二卷謂帝曰孰研此則所疑自
解余註是經以來千七百餘年凡傳三人連

子四矣勿示非其人文帝跪受經言畢失公所在論者以爲文帝好老子大道世人不能盡通其義而精思遐感上徹太上道君遣神人特下教之便去耳恐文帝心未純信故示神變以悟帝意欲成其道眞時人因號曰河上公焉

老子篇目

道經

德經

河上公章句第三

老子篇目終

建安虞氏

刊于家塾

老子道經

河上公章句第一

體道第一

道可道謂經術政教之道也非常道非自然長生之道也常道當以無爲養神無事安民含光藏暉滅迹匿端不可稱道名可名謂富貴尊榮高世之名也非常名非自然常在之名也常名愛如嬰兒之未言雞子之未分明珠在蚌中美玉處石間内雖昭昭外如愚頑無名天地之始無名者謂道道無形故不可名也始者道本也吐氣布化出於虛无爲天地本始也有名萬物之母有名謂天地天地有形位陰陽有柔剛是其有名也萬物母者天地含氣生萬物長大成熟如母之養子故常無欲以觀其妙妙要也人常能無欲則可以觀道之要要謂一也一出布名道讚叙明是非常有欲以觀其徼徼歸也常有欲之人可以觀世俗之所歸趣也徼古弔反此兩者

同出而異名兩者謂有欲無欲也同出者同出人心也而異名者所名各異也名無欲者長存名有欲者亡身也同謂之玄玄天也言有欲之人與無欲之人同受氣於天玄之又玄天中復有天也稟氣有厚薄得中和滋液則生賢聖得錯亂污辱則生貪淫也衆妙之門能知天中復有天稟氣有厚薄除情去欲守中和是謂知道要之門戶也

養身第二

天下皆知美之為美自揚己美使顯彰也斯惡已有危亡也皆知善之為善有功名也斯不善已人所爭也故有無相生見有而為無也難易相成見難而為易也長短相形見短而為長也高下相傾見高而為下也傾去營反音聲相和上唱下必和也前後相隨上行下必隨也是以聖人處無為之事以道治也行不言之教以身

師導之也萬物作焉各自動也而不辭不辭謝而逆止生而不有

元氣生萬物而不有爲而不恃道所施爲不恃望其報也功成而弗居功成事就

退避不居其位夫惟弗居夫惟功成不居其位是以不去福德常在不去其身也此言不

行不可隨不言不可知疾上六句有高下長短君開一源下生百端百端之變无不動亂

安民第三

不尚賢賢謂世俗之賢辯口明文離道行權去質爲文也不尚者不貴之以禄不貴之以官使民

不爭不爭功名返自然也不貴難得之貨言人君不御好珍寶黄金棄於山珠玉捐使民

於淵使民不爲盜上化清淨下无貪人不見可欲放鄭聲遠美人使心

不亂不邪淫不惑亂也是以聖人治說聖人治國與治身同也虛其心除嗜欲去

亂煩實其腹懷道抱一守五神也弱其志和柔謙讓不處權也强其骨愛精

重施髓滿骨堅強其良反常使民無知無欲反朴守淳使夫知者不敢爲也思慮深不輕言夫音符知音智爲無爲不造作動因循則無不治德化厚百姓安

無源第四

道冲而用之冲中也道匿名藏譽其用在中冲直隆反或不盈或常也道常謙虛不盈滿淵乎似萬物之宗道淵深不可知也似爲萬物之宗祖挫其銳銳進也人以欲銳精進取功名當挫上之法道不自也挫子卧反銳悅歲反解其紛紛結根也當念道无爲以解釋紛拂云反和其光言雖有獨見之明當知闇昧不當以擢亂人也同其塵常與衆庶同垢塵不當自別殊湛兮似若存言當湛然安靜故能長存不亡湛直減反吾不知誰之子老子言我不知道所從生象帝之先道自在天帝之前此言道乃先天地生也至今在者

以能安静湛然不勞煩欲使人修身法道

虚用第五

天地不仁 天施地化不以仁恩任自然也 以萬物爲芻狗 天地生萬物人最爲貴天地視之如芻草狗畜不貴望其報也芻楚狗反狗古口反 聖人不仁 聖人愛養萬民不以仁恩法天地行自然 以百姓爲芻狗 聖人視百姓如芻草狗畜不責望其禮意 天地之間 天地之間空虛和氣流行故萬物自生人能除情欲節滋味清五藏則神明居之也 其猶橐籥乎 橐籥中空虛人能有聲氣橐他各反籥音藥 虚而不屈動而愈出 言空虛无有屈竭時動搖之益出聲氣也愈羊主反 多言數窮 多事害神多言害身口開舌舉必有禍患數王弼注音雙遇反謂理數也明皇注音朔 不如守中 不如守德於中育養精神愛氣希言

成象第六

谷神不死谷養也人能養神則不死也神謂五藏之神也肝藏魂肺藏魄心藏神腎藏精脾藏志五藏盡傷則五神去矣是謂玄牝言不死之有在於玄牝玄天也於人爲鼻牝地也於人爲口天食人以五氣從鼻入藏於心五氣清微爲精神聦明音聲五性其鬼曰魂魂者雄也主出入人鼻與天通故鼻爲玄也地食人以五味從口入藏於胃五性濁辱爲形骸骨肉血脉六情其鬼曰魄魄者雌也主出入於口與天地通故口爲牝也玄牝之門是謂天地根根元也言鼻口之門是乃通天地之元氣所從往來綿綿若存鼻口呼噏喘息當綿綿微妙若可存復若无有用之不勤用氣當寛舒不當急疾懃勞也

韜光第七

天長地久說天地長生久壽以喻教人也天地所以能長且久者以其不自生天地所以獨長且久者以其安靜施不責報不如人居處汲汲求自饒之利奪人以自與故能長生以其不求生故能長生不終也是以聖人後其身先人而後

己者也而身先天下敬之先以爲長外其身薄己而厚人也而身存百姓愛之如父母神明祐之若赤子故身常存非以其無私邪聖人爲人所愛神明所祐非以其公正無私所致乎故能成其私人以爲私者欲以厚己也聖人无私而己自厚故能成其私也

易性第八

上善若水上善之人如水之性水善利萬物水在天爲霧露在地爲泉源也而不爭處衆人之所惡衆人惡卑濕垢濁水獨靜流居之也惡烏路反故幾於道水性幾與道同幾音機居善地水性善喜於地草木之上即流而下有似於牝動而下人也心善淵水深空虛淵深清明與善仁萬物得水以生與虛不與盈也言善信水內影照形不失其情也正善治无有不洗清且平也事善能能方能圓曲直隨形動善時夏散冬凝應期而動不失天時夫唯不爭壅之則止決之則流聽從人也故無尤

水性如是故天下无有怨尤水者也

運夷第九

持而盈之不如其已盈滿也已止也持滿必傾不如止也揣而銳之不可長保揣治也先揣之後必弃捐揣初委反金玉滿堂莫之能守嗜欲傷神財多累身富貴而驕自遺其咎大富當賑貧貴當憐賤而反驕恣必被禍患也遺唯季反咎求九反功成名遂身退天之道言人所爲功成事立名迹稱遂不退身避位則遇於害此乃天之常道也譬如日中則移月滿則虧物盛則衰樂極則哀

能爲第十

載營魄營魄魂魄也人載魂魄之上得以生當愛養之喜怒亡魂卒驚傷魄魂在肝魄在肺美酒甘香腐人肝肺故魂靜志道不亂魄安得壽延年也抱一能無離言人能抱一使不離於身則長存一者道始所生大

和之精氣也故曰一布名於天下天得一以清地得一以寧侯王得一以爲正平入爲心出爲行布施爲德揔名爲一一之爲言志一无二也離力智反

專氣致柔專守精氣使不乱則形躰能應之而柔順**能嬰兒**能如嬰兒内无思慮外無政事則精神不去也**滌除玄覽**當洗其心使潔淨也心居玄冥之處覽知万事故謂之玄覽也滌徒歷反**能無疵**不淫邪也淨能无疵病乎疵在斯反

愛民治國治身者愛氣則身全治國者愛民則國安**能無知**治身者呼吸精氣无令耳聞也治國者布施惠德无令下知也

天門開闔天門謂北極紫微宮開闔謂終始五際也治身天門謂鼻孔開謂喘息闔謂呼吸也闔户臘反

能無雌治身當如雌牝安靜柔弱治國應變和而不唱**明白四達**言達明白如日月四通滿於天下八極之外故曰視之不見聽之不聞彰布之於十方煥煥煌煌也**能無知**无有能知道滿於天下者

生之畜之道生萬物而畜養之**生而不有**道生万物无所取有**爲而不恃**道所施爲不恃望其報也**長而不宰**道長養万物不宰割以爲器用長丁丈反**是謂玄德**

言道行德玄冥不可得見欲使人如道也

無用第十一

三十輻共一轂 古者車三十輻法月數也共一轂者轂中有孔故衆輻共湊之治身者當除情去欲使五藏空虛神乃歸之也治國者寡能摠衆弱共使強輻音福轂古木反 當其無有車之用 无謂空虛轂中空虛車得去行轝中空虛人能載其上也當丁浪反 埏埴以爲器 埏和也埴土也和土以爲飲食之器埏始然反埴市力反 當其無有器之用 器中空虛故得有所盛受 鑿戶牖以爲室 謂作屋室 當其無有室之用 言戶牖空虛人得以出入觀視室中空虛人得以居處是其用 故有之以爲利 利物也利於形用器中有物室中有人恐其屋破壞腹中有神畏形之消亡也 無之以爲用 言虛空者乃可用盛受萬物故曰虛无能制有形道者空也

檢欲第十二

五色令人目盲 貪淫好色則傷精失明也令力征反盲陌庚反 五音令人耳聾 好聽五音則和氣去心不能聽無聲之聲聾力東反 五味令人口爽 爽亡也人嗜五味於口則口亡言失於道味也 馳騁田獵令人心發狂 人精神好安靜馳騁呼吸精神散亡故發狂也騁敕領反 難得之貨令人行妨 妨傷也難得之貨謂金銀珠玉心貪意欲不知饜足則行傷身辱也行下孟反妨音方 是以聖人爲腹 守五性去六情節志氣養神明 不爲目 目不妄視妄視泄精於外 故去彼取此 去彼目之妄視取此腹之養性去羌呂反

猒恥第十三

寵辱若驚 身寵亦驚身辱亦驚 貴大患若身 貴畏也若至也畏大患至身故

皆驚何謂寵辱問何爲寵何爲辱寵者尊榮辱者恥辱及身還自問者以曉人也辱爲下
辱爲下賤得之若驚得寵榮驚者處高位如臨深危也貴不敢驕富不敢奢失之若
驚失者失寵處辱也驚者恐禍重來也是謂寵辱若驚解上得之若驚失之若驚
何謂貴大患若身復還自問何故畏大患若身吾所以有大患
者爲吾有身吾所以有大患者爲吾有身有身憂其勤勞念其飢寒觸情從欲則遇禍患也及
吾無身吾有何患使吾无有身體得道自然輕舉昇雲出入无間與道通神當有何患故
貴以身爲天下者則可寄於天下言人君貴其身而賤人欲爲天
下主者則可寄立不可以久也爲于僞反愛以身爲天下者乃可以託
於天下言人君能愛其身非爲己也乃欲爲萬民之父母以此得爲天下主者乃可以託其身於萬民之上長无咎也

贊玄第十四

視之不見名曰夷無色曰夷言一無采色不可得視而見之聽之不聞名曰希無聲曰希言一無音聲不可得聽而聞之摶之不得名曰微無形曰微言一無形體不可摶持而得之此三者不可致詰三者謂夷希微也不可致詰者夫無色無聲無形口不能言書不能傳當受之以靜求之以神不可詰問而得之也詰起吉反故混而爲一混合也故合於三名之而爲一混戶本反其上不皦言一在天上不皦皦光明皦古曉反其下不昧言一在天下不昧昧有所闇冥昧梅對反繩繩不可名繩繩者動行無窮極也不可名者非一色也不可以青黃白黑別非一聲也不可以宮商角徵羽聽非一形也不可以長短大小度之也復歸於無物物質也復當歸之於無質復音服是謂無狀之狀言一無形狀而能爲万物作形狀也無物之象一無物質而爲萬物設形象也是爲忽怳一忽忽怳怳者若存若亡不可見之也怳虛往反迎之不見其首一無端末不可預待也除情去欲一自歸之也隨

之不見其後[言一無影迹不可得而看]執古之道以御今之有[聖人執守古道生一以御物知今當有一也]以知古始是謂道紀[人能知上古本始有一是謂知道綱紀也]

顯德第十五

古之善爲士者[謂得道之君也]微妙玄通[玄天也言其志節玄妙精與天通也]深不可識[道德深遠不可識知內視若盲反聽若聾莫知所長]夫唯不可識故强爲之容[謂下句也强其丈反]與兮若冬涉川[舉事輒加重愼與與兮若冬涉川心猶難之也]猶兮若畏四隣[其進退猶猶如拘制若人犯法畏四隣知之也]儼兮其若客[如客畏主人儼然無所造作也儼魚檢反]渙兮若冰之將釋[渙者解散釋者消亡除情去欲日以空虛]敦兮其若朴[敦者質厚朴者形未分內守精神外無文

采也朴普角反曠兮其若谷曠者寛大谷者空虛不有德功名無所不包也渾兮其若濁渾者守本真濁者不照然也與衆合同不自尊孰能濁以靜之徐清孰誰也誰能知水之濁止而淨之徐徐自清也孰能安以久動之徐生誰能安靜以久徐徐以長生也保此道者不欲盈保此徐生之道不欲奢泰盈溢夫唯不盈故能蔽不新成夫唯不盈滿之人能守蔽不爲新成蔽者匿光榮也新成者貴功名

歸根第十六

至虛極得道之人捐情去欲五内清淨至於虛極守靜篤守清淨行篤厚萬物並作作生也萬物並生也吾以觀其復言吾以觀見萬物無不皆歸其本也人當念重本也夫物芸芸芸芸者華葉盛各復歸其根言萬物無不枯落各復反其根而更生也歸根曰靜靜謂根也根安靜柔弱謙卑處下故不復死也是謂復命言安靜者是爲復還性命

使不死也**復命曰常**復命使不死乃道之所常行也**知常曰明**能知道之所常行則爲明**不知常妄作凶**不知道之所常行妄作巧詐則失神明故凶也**知常容**能知道之所常行去情忘欲无所不包容也**容乃公**無所不包容則公正無私衆邪莫當**公乃王**公正無私可以爲天下王治身正則形一神明千萬共湊己躬也**王乃天**能王德合神明乃與天子**天乃道**德與天通則與道合同也**道乃久**與道合同乃能長久**沒身不殆**能公能天通天合道四者純備道德弘遠無殃無咎乃與天地俱沒不危殆也

河上公章句第二

淳風第十七

太上下知有之太上謂太古无名之君也下知有之者下知上有君而不臣事質朴也**其次親之譽之**其德可見恩惠可稱故親愛而譽之**其次畏之**設刑法以治之

其次侮之禁多令煩不可歸誠故欺侮之侮亡甫反信不足焉君信不足於下下則應之以不信而欺其君也猶兮其貴言說太上之君舉事猶貴重於言恐離道失自然功成事遂謂天下太平也百姓皆謂我自然百姓不知君上之德淳厚反以爲己自當然也

俗薄第十八

大道廢有仁義大道之時家有孝子戶有忠信仁義不見也大道廢不用惡逆生乃有仁義可傳道智慧出有大僞智慧之君賤德而貴言賤質而貴文下則應之以爲大僞姦詐六親不和有孝慈六紀絕親戚不和乃有孝慈相收養也國家昏亂有忠臣政令不行上下相怨邪僻爭權乃有忠臣匡正其君也此言天下太平不知仁人盡無欲不知廉各潔己不知貞大道之君仁義沒孝慈滅猶日中盛時衆星失光

還淳第十九

絶聖（絶聖制作反初守元五帝垂象蒼頡作書不如三皇結繩無文）棄智（棄智惠反无爲）民利百倍（農事修公無私倍蒲罪反）絶仁棄義（絶仁之見恩惠棄義之尚華信）民復孝慈（德化淳也）絶巧棄利（絶巧者詐僞亂眞也弃利者塞貪路閉權門也）盗賊無有（上化公政下無邪私）此三者（謂上三事所棄絶也）以爲文不足（以爲文不足者文不足以教民）故令有所屬（當如下句令力征反屬之欲反）見素抱朴（見素者當抱素守眞不尚文飾也抱朴者當見其篤朴以示下故可法則見賢遍反朴普角反）少私寡欲（少私者正無私也寡欲者當知足也）

異俗第二十

絶學（絶學不眞不合道文）無憂（除浮華則無憂患也）唯之與阿相去幾何（同爲應對而相去幾何疾時賤質而貴文唯遺癸反）善之與惡相去何若（善者）

俗薄　還淳　異俗

和譽惡者諫爭能相去何如疾時惡忠直用邪佞也人之所畏不可不畏人謂道人也人所畏者畏不絕學之君也不可不畏近令色殺仁賢荒兮其未央哉或言世俗人荒亂欲進學為文未央止也衆人熙熙熙熙淫放多情欲也如享太牢如飢思太牢之具意無足時也如春登臺春陰陽交通萬物感動登臺觀之意志淫淫然我獨怕兮其未兆我獨怕然安靜未有情欲之形兆也怕普白反如孾兒之未孩如小兒未能荅偶人時也乘乘兮若無所歸我乘乘如窮鄙无所歸就乘平聲衆人皆有餘衆人餘財以為奢餘智以為詐而我獨若遺我獨如遺棄似於不足也我愚人之心也哉不與俗人相隨守一不移如愚人之心也沌沌兮无所分別俗人昭昭明且達也我獨若昏如闇昧也俗人察察察察急且疾也我獨悶悶悶悶无所割截忽兮若海我獨忽忽如江海之流莫知其所窮極也漂

兮若無所止我獨漂漂若飛若揚無所止也志意在神域也衆人皆有以以有爲也而我獨頑我獨無爲似鄙鄙似若不逮也我獨異於人我獨與人異也而貴食母食用也母道也我獨貴用道也

虛心第二十一

孔德之容孔大也有大德之人無所不容能受垢濁處謙卑也唯道是從唯獨也大德之人不隨世俗所行獨從於道也道之爲物唯怳唯忽道之於萬物獨怳忽往來於其无所定也怳泥往反又呼廣反忽兮怳兮其中有像道唯忽怳无形之中獨爲萬物法像怳兮忽兮其中有物道唯怳忽其中有一經營主化因氣立質窈兮冥兮其中有精道唯窈冥无形其中有精實神明相薄陰陽交會也窈烏了反其精甚眞言存精氣其妙甚眞非有飾也其中有信道匿功藏名其信在中也自古及今其

名不去自從也自古至今道常在不去以閱衆甫閱禀也甫始也言道禀與萬物始生從道受氣吾何以知衆甫之然哉我何以知從道受氣以此此今也以今萬物皆得道精氣而生動作起居非道不然

益謙第二十二

曲則全曲己從衆不自專則全其身也枉則直枉屈己而申人久久自得直也枉音往窪則盈地窪下水流之人則下德歸之也窪烏瓜反弊則新自受弊薄後己先人天下敬之久久自新少則得自受取少則得多也天道祐謙神明託虛多則惑財多者惑於所守學多者惑於所聞是以聖人抱一爲天下式抱守法式也聖人守一乃知萬事故能爲天下法式也不自見故明聖人不以其目視千里之外也乃因天下之目以視故能明達也見賢遍反不自是故彰聖人不自以爲是而非人故能彰顯於世不自伐故有功

伐取也聖人德化流行不自取其美故有功於天下不自矜故長矜大也聖人不自貴大故能久不危夫唯不爭故天下莫能與之爭此言天下賢與不肖无能與不爭者爭也古之所謂曲則全者豈虛言哉傳古言曲從則全身正言非虛妄也誠全而歸之誠實也能行曲從者實其飢體歸之於父母無有傷害也

虛無第二十三

希言自然希言者是愛言也愛言者自然之道飄風不終朝驟雨不終日飄風疾風也驟雨暴雨也言疾不能長暴不能久也驟狀救反孰爲此者天地孰誰也誰爲此飄風暴雨者乎天地所爲天地尚不能久不終於朝暮也而況於人乎天地至神合爲飄風暴雨尚不能使終朝至暮何況人欲爲暴卒乎故從事於道者從爲也人爲事當如道安靜不當如飄風驟雨道者同於道道者謂好道人也同於道者所謂與道同德

者同於德德謂好德人也同於德者所謂與德同也失者同於失失謂任己失人也同於失者所謂與失同也同於道者道亦樂得之與道同者道亦樂得之也同於德者德亦樂得之與德同者德亦樂得之也同於失者失亦樂失之與失同者失亦樂失之也信不足焉君信不足於下下則應君以不足也有不信焉此言物類相歸同聲相應雲從龍風從虎水流濕火就燥自然之類也

苦恩第二十四

跂者不立跂進也謂貪權慕名進取功榮也則不可久立身行道也跂音企又去聲跨者不行自以爲貴而跨於人衆共蔽之使不得行跨苦化反自見者不明人自見其形容以爲好自見所行以爲應道殊不自知其形醜操行之鄙自是者不彰自以爲是而非人衆共蔽之使不得彰明自伐者無功所謂輒自伐取其功美即失有功於人也自矜者不長好自矜大者不可以長久

其於道也曰餘食贅行贅貪也使此自矜伐之人在治國之道曰然斂餘祿食爲貪行贅專稅反行下孟反物或惡之此人在位動欲傷害故物無有不畏惡地惡烏路反故有道者不處也言有道之人不居其國也

象元第二十五

有物混成先天地生謂道無形混沌而成萬物乃在天地之前混胡本反先悉薦反寂兮寥兮獨立而不改寂者無音聲寥者空無形獨立者無匹雙不改者化有常周行而不殆道通行天地无所不入在陽不焦託陰不腐无不貫穿不危殆殆田頼反可以爲天下母道育養萬物精氣如母之養子吾不知其名字之曰道我不見道形容不知當何以名之見萬物皆從道所生故字之曰道也強爲之名曰大不知其名強曰大者高而无上羅而无外无不包容故曰大也強其丈反大曰逝其爲大非若天常在上非若地常在下乃復逝去无常處

所也逝曰遠言遠者窮乎無窮布氣天地無所不通也遠曰反言其遠不越絕乃復在人身也

故道大天大地大王亦大道大者包羅諸天地無所不容也天大者無所不蓋也地大者無所不載也王大者無所不制也域中有四大四大道天地王也凡有稱有名則非其極也言道則有所由有所由然後謂之爲道然則是道稱中之大也不若無稱之大也無稱不可得而名曰域也天地王皆在乎无稱之內也故曰域中有四大者也而王居其一焉八極之內有四大王居其一也居一作處人法地人當法地安靜柔和也種之得五穀掘之得甘泉勞而不怨也有功而不制也地法天天湛泊不動施而不求報生長萬物無所收取天法道道清淨不言陰行精氣萬物自成也道法自然道性自然無所法也

重德第二十六

重爲輕根人君不重則不尊治身不重則失神草木之華輕故零落根重故長存也輕起政反靜爲

躁君人君不靜則失威治身不靜則身危龍靜故能變化虎躁故夭虧也躁早報反是以聖人終日行不離輜重輜靜也聖人終日行道不離其靜與重也離音利輜側基反重直用反雖有榮觀燕處超然榮觀謂宮闕燕處后妃所居也超然遠避而不處也觀古亂反柰何萬乘之主柰何者疾時主傷痛之辭萬乘之主謂王乘繩證反而以身輕天下王者至尊而以其身行輕躁乎疾時王奢恣輕淫也輕則失臣王者輕淫則失其臣治身輕淫則失其精躁則失君王者行躁疾則失其君位治身躁疾則失其精神也

巧用第二十七

善行無轍迹善行道者求之於身不下堂不出門故無轍迹行下孟反善言無瑕讁善言謂擇言而出則無瑕疵讁過於天下瑕下家反讁直華反善計不用籌策善以道計事者則守一不移所計不多則不用籌策而可知也籌直由反善閉無關揵而不可

開善以道閉情欲守精神者不如門戶有關揵可得開揵其偃反善結無繩約而不可解善以道結事者乃可結其心不如繩索可得解也是以聖人常善救人聖人所以常教人忠孝者欲以救人在命故無棄人使貴賤各得其所也常善救物聖人所以教民順四時以救萬物之殘傷故無棄物聖人不賤石而貴玉視之如一是謂襲明聖人善救人物謂襲明大道也故善人者不善人之師人之行善者聖人即以為人師不善人者善人之資資用也人行不善聖人猶教導使為善得以給用也不貴其師獨無輔也不愛其資無所使也雖智大迷雖自以為智言此人乃大迷惑是謂要妙能通此意是謂知微妙要道也

反朴第二十八

知其雄守其雌為天下谿雄以喻尊雌以喻卑人雖知自尊顯當復守之以卑

微去之強梁就雌之柔和如是則天下歸之如水流入深谿也谿苦奚反

為天下谿常德不離

人能謙下如深谿則德常在不復離於已離力智反

復歸於嬰兒

常復歸志於嬰兒惷然而無所知也

知其白守其黑為天下式

白以喻昭昭黑以喻默默人雖自知昭昭明白當復守之以默默如闇昧無所見如是則可為天下法式則得常在

為天下式常德不忒

人能為天下法則德常在於已不復差忒忒吐得反

復歸於無極

德不差忒則長生久壽歸身於無窮極也

知其榮守其辱為天下谷

榮以喻尊貴辱以喻汚濁知已之有榮貴當守之以汚濁如是則天下歸之如水流入深谷也

為天下谷常德乃足

足止也人能為天下谷德乃止於已

復歸於朴

復當歸身於質朴朴不復為文飾朴普角反

朴散則為器

萬物之朴散則為器用也若道散則為神明流為日月分為五行也

聖人用之則為官長

聖人升用則為百官之元長也長丁丈反

故大制不割

聖人用之則以大道制御天下无所傷割治身則以天道制情欲不害精神也

巧用 反朴

無爲第二十九

將欲取天下（欲爲天下主也）而爲之（欲以有爲治民）吾見其不得已（我見其不得天道人心已明矣天道惡煩濁人心惡多欲）天下神器不可爲也（器物也人乃天下之神物也神物好安靜不可以有爲治）爲者敗之（以有爲治之則敗其質性）執者失之（強執教之人則失其情實生於詐僞也）故物或行或隨（上所行下必隨之也）或呴或吹（呴溫也吹寒也有所溫必有所寒也呴音虛）或強或羸（有所強大必有所羸弱也羸力爲反）或載或隳（載安也隳危也有所安必有所危明人君不可以有爲治國與治身也隳許規反）是以聖人去甚去奢去泰（甚謂貪淫聲色奢謂服飾飲食泰謂宮室臺榭去此三者處中和行無爲則天下自化去羌吕反下同）

儉武第三十

以道佐人主者謂人主能以道自輔佐也不以兵強天下以道自佐之主不以兵革順天任德敵人自服其事好還其舉事好還自責不怨於人也好呼報反還音旋師之所處荊棘生焉農事廢田不修大軍之後必有凶年天應之以惡氣即害五穀五穀盡傷人也善者果而已善兵者當果敢而已不休不敢以取強不以果敢取強大之名也果而勿矜當果敢謙卑勿自矜大也果而勿伐當果敢推讓乃自伐取其美也果而勿驕驕欺也果敢勿以驕欺人果而不得已當果敢至誠不當迫不得已也果而勿強果敢勿以爲強兵堅甲以侵凌人也物壯則老草木壯極則枯落人壯極則衰老也言強者不可以壯是謂不道枯老者坐不行道也不道早已不行道者早死

偃武第三十一

夫佳兵不祥之器　祥善也兵者驚精神濁和氣不善人之器也不當修飾之　物或惡之　兵動則有所害故萬物無有不惡之惡烏路反　故有道者不處　有道之人不處其國　君子居則貴左　貴柔弱也　用兵則貴右　貴剛強也此言兵道與君子道反所貴者異也　兵者不祥之器　兵革者不善之器也　非君子之器　非君子所貴重器也　不得已而用之　謂遭衰逆亂禍欲加萬民乃用之以自守　恬惔爲上　不貪土地利人財寶惔一本作然　勝而不美　雖得勝而不以爲利己也　而美之者是樂殺人　美得勝者是爲喜樂殺人者也　夫樂殺人者則不可以得志於天下矣　爲人君而樂殺人此不可使得志於天下爲人主必專制人命妄行刑誅　吉事尚左　左生位也　凶事尚右　陰道殺人　偏將軍居左　偏將軍卑而居陽者以其不專殺也　上將軍居右　上將軍尊而居右者言其主殺也　言以喪禮

處之上將軍於右喪禮尚右死人貴陰也殺人之衆以悲哀泣之傷己德薄不能以道化人而害无辜之民戰勝以喪禮處之古者戰勝將軍居喪主禮之位素服而哭之明君子貴德而賤兵不得已誅不祥心不樂之比於喪也知後世用兵不已故悲痛之

聖德第三十二

道常無名道能陰能陽能弛能張能存能亡故無常名也朴雖小天下不敢臣道朴雖小微妙無形天下不敢有臣使道者也侯王若能守之萬物將自賓侯王若能守道无爲萬物將自賓服從於德也天地相合以降甘露侯王動作能與天相應合天即下甘露善瑞也民莫之令而自均天降善瑞則萬物莫有教令之者皆自均調若一也始制有名始道也有名萬物也道無名能制於有名無形能制於有形也名亦既有既盡也有名之物盡有情欲叛道離德故身毀辱也天亦將知之人能去道行德天亦

將自知之知之所以不殆天知之則神靈祐助不復危殆譬道之在天下猶川谷之與江海言言道之在天下與人相應和如川谷與江海相流通也

辯德第三十三

知人者智能知人好惡是為智自知者明人能自知賢不肖是為反聽無聲內視無形故為明勝人者有力能勝人者不過以威力也自勝者強人能自勝己情欲則天下無有能與己爭者故為強知足者富人能知足之為足則長保福祿故為富也強行者有志人能強力行善則為有意於道道亦有意於人不失其所者久人能自節養不失其所受天之精氣則可以久死而不亡者壽目不妄視耳不妄聽口不妄言則无怨惡於天下故長壽

任成第三十四

大道氾兮言道氾氾若浮若沉若有若無視之不見說之難殊氾音泛其可左右道可

左右无所不宜萬物恃之而生恃待也萬物皆恃道而生而不辭道不辭謝而逆止也功成不名有有道不名其有功也愛養萬物而不爲主道雖愛養萬物不如人主有所放取常無欲可名於小道匿德藏名怕然無爲似若微小也萬物歸焉而不爲主萬物皆歸道受氣道非如人主有所禁止也可名爲大萬物橫來橫去使名自在故不若於大也是以聖人終不爲大聖人法道匿德藏名不爲滿大故能成其大聖人以身師導不言而化萬事修治故能成其大

仁德第三十五

執大象天下往執守也象道也聖人守大道則天下萬民移心歸往之也治身則天降神明往來於已也往而不害安平太萬物歸往而不傷害則國安家寧而致太平矣治身不害神明則身安而大壽也樂與餌過客止餌美也過客一也人能樂美於道則一留止也一者去盈

辯德　任成　仁德

而處虛忽忽如過客樂音岳餌而志反

道之出口，淡乎其無味。道出入於口淡淡非如五味有酸鹹苦甘辛也出尺類反淡徒暫反

視之不足見。足德也道無形非若五色有青黄赤白黑可得見也

聽之不足聞。道非若五音有宮商角徵羽可得聽聞也

用之不可既。用道治國則國安民昌治身則壽命延長無有既盡時也

微明第三十六

將欲噏之，必固張之。先開張之者欲極其奢淫噏翕許及反

將使弱之，必固強之。先強大之者欲使遇禍患

將欲廢之，必固興之。先興之者欲使其驕危也

將欲奪之，必固與之。先與之者欲極其貪心也

是謂微明。此四事其道微其效明也

柔弱勝剛強。柔弱者久長剛強者先亡也

魚不可脫於淵。魚脫於淵爲去剛得柔不可復制也

國之利器不可以示人。利器

權道也治國權者不可以示執事之臣也治身道者不可以示非其人也

爲政第三十七

道常無爲道以無爲爲常也而無不爲侯王若能守萬物將自化言侯王若能守道萬物將自化效於己也化而欲作吾將鎮之以無名之朴吾身也無名之朴道也萬物以化效於己也復欲作巧僞者侯王當身鎮撫以道德無名之朴亦將不欲不欲以靜言侯王鎮撫以道德民亦將不欲故當以淸靜導化之也天下將自定能如是者天下將自正定也

河上公老子道經卷上

老子德經下

河上公章句第三

論德第三十八

上德不德上德謂太古無名號之君德大無上故言上德也不德者言其不以德教民因循自然養人性命其德不見故言不德也是以有德言其德合於天地和氣流行民得以全也下德不失德下德謂號謚之君德不及上德故言下德也不失德者其德可見其功可稱也是以無德以有名號及其身故上德無爲謂法道安靜無所改爲也而無以爲言無以名號爲下德爲之言爲教令施政事也而有以爲言以爲己取名號也上仁爲之上仁謂行仁之君其仁爲上故言上仁也爲之者爲仁恩而無以爲功成事立無以執爲上義爲之爲義以斷割也而有以爲動作以爲己殺人以成威賦下以自奉也上禮爲之謂上禮之君其

禮無上故言上禮爲之者言爲禮制度序威儀而莫之應言禮華盛實衰飾僞煩多動則離道不可應也則攘臂而仍之言煩多不可應上下忿爭故攘臂相仍引攘如羊反臂必寐反故失道而後德言道衰而德化生也失德而後仁言德衰而仁愛見也失仁而後義言仁衰而分義明也失義而後禮言義衰則施禮聘行玉帛夫禮者忠信之薄言禮廢本治末忠信日以衰薄而亂之首禮者賤質而貴文故正直日以少邪亂日以生前識者道之華不知而言知爲前識此人失道之實得道之華而愚之始言前識之人愚闇之倡始是以大丈夫處其厚大丈夫謂得道之君也處其厚者處身於敦朴不居其薄不處身違道爲世煩亂也處其實處忠信也不居其華不尚言也故去彼取此去彼華薄取此厚實去羌呂反

法本第三十九

昔之得一者昔往也一無爲道之子也**天得一以清地得一以**
寧言天得一故能垂象清明地得一故能安靜不動搖**神得一以靈**言神得一故能變化無形
谷得一以盈言谷得一故能盈滿而不絕也**萬物得一以生**言萬物皆
須道以生成也**侯王得一以天下爲正**言侯王得一故能爲天下平正**其致**
之致誡也謂下五事也**天無以清將恐裂**言天當有陰陽施張晝夜更用不可但欲清明
無已時將恐分裂不爲天**地無以寧將恐發**言地當有高下剛柔氣節五行不可但欲安靜
無已時將恐發泄不爲地**神無以靈將恐歇**言神當有王相囚死休廢不可但欲靈無已時
將恐虛歇不爲神也歇詐謁反**谷無以盈將恐竭**言谷當有盈縮虛實不可但欲盈滿無已
時將恐枯竭不爲谷**萬物無以生將恐滅**言萬物當隨時生死不可但欲生無已時將恐
滅亡不爲物也**侯王無以貴高將恐蹷**言侯王當屈己以下人汲汲求賢不可但欲高

於人將恐顛蹷失其位也蹷蹇月反故貴以賤爲本言必欲尊貴當以薄賤爲本若禹稷躬稼舜陶河濵周公下白屋也高必以下爲基言必欲尊貴當以下爲本基猶築牆造功因卑成髙下不堅固後必傾危是以侯王自謂孤寡不轂孤寡喻孤獨不轂喻不能如車轂爲衆輻所湊此非以賤爲本耶言侯王至尊貴能以孤寡自稱此非以賤爲本乎以曉人非乎嗟歎之辭故致數車無車致就也言人就車數之爲輻爲輪爲轂爲衡爲轝無有名爲車者故成爲車以喻侯王不以尊號自名故能成其貴數色主反不欲琭琭如玉落落如石琭琭喻少落落喻多玉少故見貴石多故見賤言不欲如玉爲人所貴如石爲人所賤當處其中也琭並音祿

去用第四十

反者道之動反本也本者道所以動動生萬物背之則亡也弱者道之用柔弱者道之所常用故能長久天下萬物生於有萬物皆從天地生天地有形位故言生於有也

有生於無天地神明蜎飛蠕動皆從道生道无形故言生於无此言本勝於華弱勝於強謙虛勝盈滿也

同異第四十一

上士聞道勤而行之上士聞道自勤苦竭力而行之中士聞道若存若亡中士聞道治身以長存治國以太平欣然而存之退見財色榮譽或於情欲而復亡之也下士聞道大笑之下士貪狼多欲見道柔弱謂之恐懼見道質朴謂之鄙陋故大笑之不笑不足以爲道不爲下士所笑不足以名爲道故建言有之建設也設言以有道當如下句明道若昧明道之人若闇昧无所見昧梅對反進道若退進取道者若退不及夷道若纇夷平也大道之人不自別殊若多比類也纇雷對反上德若谷上德之人若深谷不恥垢濁也大白若辱大潔白之人若汙辱不自彰顯廣德若不足德行廣大之人若愚須不足也建德若偷建設道德之人若可偷引使空虛也質眞若渝

質朴之人若五色有渝淺不明**大方無隅**大方正之人无委曲廉隅**大器晩成**大器之人若九鼎瑚璉不可卒成也**大音希聲**大音猶雷霆待時而動喻常愛氣希言也**大象無形**大法象之人質朴无形容**道隱無名**道潛隱使人无能指名也**夫唯道善貸且成**成就也言道善稟貸人精氣且成就之也貸吐代反

道化第四十二

道生一道始所生者**一生二**一生陰與陽也**二生三**陰陽生和氣濁三氣分爲天地人也**三生萬物**天地共生萬物也天施地化人長養之也**萬物負陰而抱陽**萬物无不負陰而向陽廻心而就日**冲氣以爲和**萬物中皆有元氣得以和柔若胷中有藏骨中有髓草木中有空虛與氣通故得久生也**人之所惡唯孤寡不轂而王公以爲稱**孤寡不轂者不祥之名而王公以爲稱者處謙卑法虛空和柔惡烏路反稱尺證反**故**

物或損之而益引之不得推之必還或益之而損夫增高者崩貪富者患

致人之所教謂衆人所以教去弱爲強去柔爲剛我亦教之言我教衆人使去強爲弱去剛爲柔強梁者不得其死強梁謂不信玄妙背叛道德不從經教尚勢任力也不得其死者爲天所絶兵刃所伐王法所殺不得以壽命死也吾將以爲教父父始也老子以強梁之人爲教戒之始也

徧用第四十三

天下之至柔馳騁天下之至堅至柔者水至堅金石水能貫堅入剛无所不通騁敕領反無有入無間無有謂道也道無形質故能出入无間通神羣生也吾是以知無爲之有益吾見道无爲而萬物自化成是以知无爲之有益於人也不言之教法道不言師之以身無爲之益法道无爲治身則有益精神治國則有益萬民不勞煩也

天下希及之天下人主也希能有及道无爲之治身治國也

立戒第四十四

名與身孰親名遂則身退也身與貨孰多財多則害身也得與亡孰病好得利則病於行也甚愛必大費甚愛色費精神甚愛財遇禍患所愛者少所亡者多故言大費多藏必厚亡生多藏於府庫死多藏於丘墓生有攻刼之憂死有掘冢探柩之患知足不辱知足之人絕利去欲不辱於身知止不殆知可止則財利不累身聲色不亂於耳目則身不危殆也可以長久人能知止足則福祿在己治身者神不勞治國者民不擾故可長久

洪德第四十五

大成若缺謂道德大成之君若缺者滅名藏譽如毀缺不備也缺窺悅反其用不弊其用心如是則无弊盡時大盈若沖謂道德大盈滿之君也如沖者貴不敢驕也富不敢奢也其用

不窮其用心如是則无窮盡時也大直若屈大直謂修道法度正直如一也如屈者不與俗人爭如可屈折屈丘勿反大巧若拙大巧謂多才術也如拙者亦不敢見其能大辯若訥大辯者智無疑如訥者口无辭訥奴忽反躁勝寒勝極也春夏陽氣躁疾於上萬物盛大極則寒寒則零落死亡也言人不當剛躁也躁則到反靜勝熱秋冬萬物靜於黃泉之下極則熱熱者生之源清靜爲天下正能清靜則爲天下長持正則無終已時也

儉欲第四十六

天下有道謂人主有道也却走馬以糞糞者糞田也兵甲不用却走馬治農田治身者却陽精以糞其身糞弗問反天下無道謂人主無道也戎馬生於郊戰伐不止戎馬生於郊境之上久不還也罪莫大於可欲好淫色也禍莫大於不知足富貴不能自禁止也咎莫大於欲得欲得人物利且貪也咎其久反故知

足之足守真根也常足无欲心也

鑒遠第四十七

不出戶知天下聖人不出戶以知天下者以己身知人身以己家知人家所以見天下也不窺牖見天道天道與人道同天人相通精氣相貫人君清淨天氣自正人君多欲天氣煩濁吉凶利害皆由於己窺起規反牖音酉其出彌遠其知彌少謂去其家觀人家去其身觀人身所觀益遠所見益少也是以聖人不行而知聖人不上天不入淵能知天地以心知之不見而名上好道下好德上好武下好力聖人原小知大察內知外無爲而成上无所爲則下無事家給人足萬物自化就也

忘知第四十八

爲學日益學謂政教禮樂之學也日益者情欲文飾日以益多爲道日損道謂自然

之道也日損者情欲文飾日以消損損之又損損情欲又損之所以漸去以至於無爲當恬惔如嬰兒无所造爲無爲而無不爲情欲斷絶德與道合則无所不施无所不爲也取天下常以無事取治也治天下常當以无事不當煩勞也及其有事不足以取天下及其好有事則政教煩民不安故不足以治天下也

任德第四十九

聖人無常心聖人重改更貴因循若自无心以百姓心爲心百姓心之所便因而從之善者吾善之百姓爲善聖人因而善之不善者吾亦善之百姓雖有不善者聖人化之使善也德善百姓德化聖人爲善信者吾信之百姓爲信聖人因而信之不信者吾亦信之百姓爲不信聖人化之使信也德信百姓德化聖人爲信聖人在天下怵怵聖人在天下怵怵常恐怖富貴不敢驕奢爲

天下渾其心言聖人爲天下百姓渾濁其心若愚闇不通也渾胡本反百姓皆注其耳目注用也百姓皆用其耳目爲聖人視聽也聖人皆孩之聖人愛念百姓如孩嬰赤子長養之而不責望其報孩胡來反

貴生第五十

出生入死出生謂情欲出五內魂定魄靜故生也入死謂情欲入於胸臆精神勞惑故死生之徒十有三死之徒十有三言生死之類各有十三謂九竅四關也其生也目不妄視耳不妄聽鼻不妄香臭口不妄言味手不妄持足不妄行精神不妄施其死也反是也人之生動之死地十有三人之求生動作反之十三死也夫何故問何故動之死地也以其生生之厚所以動之死地者以其求生活之事太厚違道忤天妄行失紀蓋聞善攝生者攝養也陸行不遇兕虎自然遠避害不干也兕徐履反入

軍不避甲兵不好戰以殺人兕無投其角虎無所措爪兵無所容其刃養生之人虎兕无由傷兵刃無從加之也夫何故問虎兕兵甲何故不害之以其無死地以其不犯十三之死地言神明營護之此物不敢害

養德第五十一

道生之道生萬物德畜之德一也一主布氣而畜養物形之一爲萬物設形象也勢成之一爲萬物作寒暑之勢以成之是以萬物莫不尊道而貴德道德所爲無不盡驚動而尊敬道之尊德之貴夫莫之命而常自然道一不命召萬物而常自然應之如影響故道生之德畜之長之育之成之孰之養之覆之道之於萬物非但生之而已乃復長養成孰覆育全於性命人君治國治身亦當如是也生而不有道生萬物不有所取以爲利也

爲而不恃道所施爲不恃望其報也長而不宰道長養萬物不宰割以爲利也是謂玄德道之所行恩德玄闇不可得見

歸元第五十二

天下有始始有道也以爲天下母道爲天下萬物之母既知其母復知其子子一也既知道已當復知一也既知其子復守其母已知一當復守道反無爲沒身不殆不危殆也塞其兌兌目也目不妄視也兌徒外反閉其門門口也使口不妄言終身不勤人當塞目不妄視閉口不妄言則終身不勤苦開其兌開目視情欲濟其事濟益也益情欲之事終身不救禍亂成也見小曰明萌牙未動禍亂未見爲小昭然獨見爲明守柔曰強守柔弱日以強大也用其光用其目光於外視時世之利害復歸其明復當反其光明於内無使精神泄也無遺身殃内視存神

不爲漏失遺唯季反

是謂習常人能行此是謂習修常道

益證第五十三

使我介然有知行於大道介大也老子疾時王不行大道故設此言使我介然有知於政事我則行於大道躬无爲之化唯施是畏唯獨也獨畏有所施爲失道意欲賞善恐僞善生欲信忠恐詐忠起大道甚夷夷平易也而民好徑徑邪不平正也大道世平易而民好從邪徑也好呼報反朝甚除高臺榭宮室修田甚蕪農事廢不耕治蕪音無倉甚虛五穀傷害國無儲也服文綵好飾僞貴內華帶利劍尚剛強武且奢猒飲食財貨有餘多嗜欲無足時是謂盜夸百姓而君有餘者是由劫盜以爲服飾持行夸人不知身死家破親戚并隨也非道哉人君所行如是此非道也復言也哉者痛傷之辭

修觀第五十四

善建者不拔建立也善以道立身立國者不可得引而拔也拔皮八反善抱者不脫善以道抱精神者終不可拔引解脫子孫祭祀不輟為人子孫能修道如是長生不死世世以久祭祀先祖宗廟无絕時輟張劣反修之於身其德乃眞修道於身愛氣養神益壽延年其德如是乃為眞人修之於家其德有餘修道於家父慈子孝兄友弟順夫信妻貞其德如是乃有餘慶及於來世子孫修之於鄉其德乃長修道於鄉尊敬長老愛養幼小教誨愚鄙其德如是乃無不覆及也修之於國其德乃豐修道於國則君信臣忠仁義自生禮樂自與政平無私其德如是乃為豐厚也修之於天下其德乃普人主修道於天下不言而化不教而治下之應上信如影響其德如是乃為普傳故以身觀身以修道之身觀不修道之身孰亡孰存也以家觀家以修道之家觀不修道之家也以鄉觀鄉以修道之鄉觀不修道之鄉也以國觀國以修道之國觀不修道之國也以天下觀

益證 修觀

天下（以修道之主觀不修道之主也）何以知天下之然哉以此（老子言吾何知天下修道者昌背道者亡以此五事觀而知之也）

玄符第五十五

含德之厚（謂含懷道德之厚也）比於赤子（神明保祐含德之人若父母之於赤子也）毒蟲不螫（蜂蠆蛇虺不螫螫音適）猛獸不據攫鳥不搏（赤鳥不害於物物亦不害之故太平之世人無貴賤仁心有刺之物還反其本有毒之蟲不傷於人攫居縛反搏音博）骨弱筋柔而握固（赤子筋骨柔弱而持物堅固以其意心不移也筋居勤反）未知牝牡之合而峻作精之至也（赤子未知男女之合會而陰作怒者由精氣多之所致也牝頻忍反峻子和子垂二反）終日號而不啞和之至也（赤子從朝至暮啼號聲不變易者和氣多之所致號户毛反）知和曰常（人能知和氣之柔弱有益於人者則為知道之常也）知

常曰明人能知道之常行則日以明達於玄妙也益生曰祥祥長也言益生欲自生日以長大心使氣曰強心當專一和柔而氣實內故形柔而反使妄有所為和氣去於中故形體日以剛強也物壯將老萬物壯極則枯老也謂之不道老不得道不道早已不得道者早已死也

玄德第五十六

知者不言知者貴行不貴言也言者不知駟不及舌多言多患塞其兌閉其門塞門之者欲絕其源挫其銳情欲有所銳為當念道無為以挫止之挫子卧反解其紛紛結恨不休當念道無為以挫止之和其光雖有獨見之明當和之使闇昧不使曜亂同其塵不當自別殊也是謂玄同玄天也人能行此上事是謂與天同道也故不可得而親不以榮譽為樂獨立為哀亦不可得而踈志靜無故與人無怨不可

得而利身不欲富貴口不欲五味亦不可得而害不與貪爭利不與勇爭氣不可得而貴不爲亂世主不處暗君位亦不可得而賤不以乘權故驕不以失志故屈故爲天下貴其德如此天子不得臣諸侯不得屈與世沉浮容身避害故爲天下貴也

淳風第五十七

以正治國以至也天使正身之人使至有國也以奇用兵奇詐也天使詐僞之人使用兵也以無事取天下以無事無爲之人使取天下爲之主吾何以知其然哉以此此今也老子言我何以知天意然哉以今日所見知天下多忌諱而民彌貧天下謂人主也忌諱者防禁也令煩則姦生禁多則下詐相殆故貧民多利器國家滋昏利器者權也民多權則視者眩於目聽者惑於耳上下不親故國家昏亂人多伎巧奇物滋起人謂人君百里諸侯也多知伎巧謂刻畫宮觀彫琢服章奇物滋起下則化上飾金鏤玉文繡綵色日以

滋甚法物滋彰盜賊多有法物好物也珎好之物滋生彰著則農事廢飢寒並至故
盜賊多有也故聖人云謂下事也我無為而民自化聖人言我修道
承天无所改作而民自化成也我好靜而民自正聖人言我好靜不言不教民皆自忠
正也我無事而民自富我無徭役徵召之事民安其業故皆自富我無欲
而民自朴我常無欲去華文徹服飾民則隨我為多質朴也

順化第五十八

其政悶悶其政教寬大悶悶昧昧似若不明也其民醇醇政教寬大故民醇醇富厚
相親睦也其政察察其政教急疾言決於口聽決於耳也其民缺缺政教急民不聊
生故缺缺曰以疎薄禍兮福之所倚倚因也夫禍因福而生人遭禍而能悔過責己修善行道
則禍去而福來福兮禍之所伏禍伏匿於福中人得福而為驕恣則福去禍來孰知

其極（禍福更相生誰能知其窮極時）其無正（无不也謂人君不正其身其无國也）正復爲奇（奇詐也人君不正下雖正復化上爲詐也）善復爲訞（善人皆復化上爲訞祥也）人之迷其日固久（言人君迷惑失正以來其日已固久）是以聖人方而不割（聖人行方正者欲以率下不以割截人也）廉而不害（聖人廉清欲以化民不以傷害人也今則不然正己以害人也）直而不肆（肆申也聖人雖直曲己從人不自申之也）光而不曜（聖人雖有獨知之明常如闇昧不以曜亂人也）

守道第五十九

治人（謂人君欲治理人民）事天（事用也當用天道順四時）莫若嗇（嗇貪也治國者當愛民則不爲奢泰治身者當愛精氣不放逸）夫唯嗇是謂早服（早先也服得也夫獨愛民財愛精氣則能先得天道也）早服謂之重積德（先得天道是謂重積德於

己也重直容反重積德則無不剋剋勝也重積德於己則无不勝無不剋則莫知其極無不剋勝則莫有知己德之窮極也莫知其極可以有國莫知己德有極則可以有社稷爲民致福有國之母可以長久國身同也母道也人能保身中之道使精氣不勞五神不苦則可以長久是謂深根固蔕人能以氣爲根以精爲蔕如樹根不深則枝蔕不堅則落言當深藏其氣固守其精使無漏泄蔕丁計反長生久視之道深根固蔕者乃長生久視之道

河上公章句第四

居位第六十

治大國若烹小鮮鮮魚烹小魚不去腸不去鱗不敢撓恐其糜也治國煩則下亂治身煩則精散以道莅天下其鬼不神以道德居位治天下則鬼不敢見其精神以犯人也

非其鬼不神其神不傷人其鬼非无精神也非不八正不能傷自然之人非其神不傷人聖人亦不傷非鬼神不能傷害人以聖人在位不傷害人故鬼不敢干之也夫兩不相傷鬼與聖人俱兩不相傷也故德交歸焉夫兩不相傷人得治於陽鬼得治於陰人得全其性命鬼得保其精神故德交歸焉

謙德第六十一

大國者下流治大國當如居下流不逆細微天下之交大國天下士民之所交會天下之牝牝者陰類也柔謙和而不昌也牝頻忍反牝常以靜勝牡女所以勝屈於男陰勝陽以安盡不先求之也以靜為下陰道以安靜為謙下故大國以下小國則取小國能謙下之則常有之下遐嫁反取七喻反又七愉反小國以下大國則取大國此言國无大小能執謙畜人則无過失也故或下以

取或下而取下者謂大國以下小國小國以下大國更以義相取大國不過欲兼畜人大國不可失則兼并人國而牧畜之過古和反又古卧反小國不過欲入事人使爲臣僕夫兩者各得其所欲大者宜爲下大國小國各欲得其所大國又宜爲謙下

爲道第六十二

道者萬物之奧奧藏也道爲萬物之藏無所不容也奧於六反又烏報反善人之寶善人以道爲身寶不敢違不善人之所保道者不善人之保倚也遭患逢急猶自知悔卑下美言可以市美言者獨可於市耳夫市交易而退不相宜善言美語求者欲疾得賣者欲疾售也尊行可以加人加别也人有尊貴之行可以凡異於凡人未足以尊道行下孟反人之不善何棄之有人雖不善當以道化之蓋三皇之前無有棄民德化淳也故立天子

置三公欲使教化不善之人雖有拱璧以先駟馬不如坐進此道雖有美璧先駟馬而至故不如坐進此道拱居勇反先悉薦反古之所以貴此道者何不日以求得古之所以貴此道者不日日遠行求索近得之於身有罪以免耶有罪謂遭亂世闇君妄行刑誅修道則可以解死免於衆耶也故爲天下貴道德洞遠无不覆濟全身治國恬然无爲故可爲天下貴也

恩始第六十三

爲無爲因成脩故無所造作事無事豫有備除煩省事也味無味深思遠慮味道意也大小多少陳其戒令也欲大反小欲多反少自然之道也報怨以德脩道行善絶禍於未生也圖難於其易欲圖難事當於易時末及成也易以豉反爲大於其細欲爲大事必作於小禍亂從小來也天下難事必作於易天下大

事必作於細是以聖人終不爲大處謙虚也故能成其大天下共歸之也夫輕諾必寡信不重言也多易必多難不慎患也難乃旦反是以聖人猶難之聖人動作舉事猶進退重難之欲塞其源故終無難聖人終身无患難之事猶避害深也

守微第六十四

其安易持治身治國安靜者易守持也其未兆易謀情欲禍患未有形兆時易謀正也其脆易破禍亂未動於朝情欲未見於色如脆弱易破除脆七歲反其微易散其未彰著微小易散去也爲之於未有欲有所爲當於未有萌牙之時塞其端也治之於未亂治身治國於未亂之時當豫閉其門也合抱之木生於毫末從小成大九層之臺起於累土從卑至高千里之行始於足

下從近至遠為者敗之有為於事廢於自然有為於義反於仁有為於色廢於精神也執者
失之執利遇患執道全身堅持不得推讓反還聖人無為故無敗聖人不為華文
不為色利不為殘賊故无壞敗无執故無失聖人有德以教愚有財以與貧无所執藏故无所失於人
也民之從事常於幾成而敗之從為也民人為事常於功德幾成而貪位
好名奢泰盈滿而自敗也慎終如始則無敗事終當如始不當懈怠是以聖
人欲不欲聖人欲人所不欲人欲彰顯聖人欲伏光人欲文飾聖人欲質朴人欲色聖人欲於德也不貴
難得之貨聖人不眩為服不賤石而貴玉學不學聖人學人所不能學人學智詐聖人學自
然人學治世聖人學治身守道眞也復眾人之所過眾人學問反過本為末過實為華復之者
使反本也以輔萬物之自然教人反本實者欲以輔助萬物自然之性也而不
敢為聖人動作因循不敢有所造為恐遠本也

淳德第六十五

古之善爲道者 治古之善以道治身及治國者 非以明民 不以道教民明智巧詐也 將以愚之 將以道德教民使朴質不詐僞 民之難治以其智多 以其智多故爲巧僞 以智治國國之賊 使智惠之人治國之政事必遠道德妄作威福爲國之賊 不以智治國國之福 不使智惠之人知國之政事則民守正直不爲邪飾上下相親君臣同力故爲國之福也 知此兩者亦楷式 兩者謂智與不智者常能智者爲賊不智者能爲福是治身治國之法式也 常知楷式是謂玄德 玄天也能知治身及治國之法式是謂與天同德也 玄德深矣遠矣 玄德之人深不可則遠不可極也 與物反矣 玄德之人與萬物反異萬物欲益己玄德施與人也 乃至於大順 玄德與萬物反異故能至大順順天理也

後己第六十六

江海所以能爲百谷王者，以其善下之，江海以卑下故衆流歸之，若民歸就王。下，去聲。故能爲百谷王。以卑下故能爲百谷王也。是以聖人欲上民，欲在民上。必以言下之；法江海處謙虛。下，去聲。欲先民，欲在民之前也。必以身後之。先人而後己也。是以聖人處上而民不重，聖人在民上爲主，不以尊貴虛下，故民戴而不爲重。處前而民不害，聖人在民前，不以光明蔽後，民親之若父母，無有欲害之心也。是以天下樂推而不厭。聖人恩深愛厚，視民如赤子，故天下樂推進以爲主，無有厭也。厭，於豔反。以其不爭，天下無厭聖人時，是由聖人不與人爭先後也。故天下莫能與之爭。言人皆有爲，無爭與吾爭無爲。

三寶第六十七

天下皆謂我大，似不肖。老子言天下謂我德大，我則佯愚似不肖。夫唯大故似不肖唯獨名德大者爲身害故佯愚似若不肖无所分別無所割截不賤人而自貴若肖久矣肖善也謂辯惠也若大辯惠之人身高自貴行察察之政所從來久矣其細言辯惠者唯如小人也非長者夫我有三寶持而寶之老子言我有三寶抱持而保倚一曰慈愛百姓若赤子二曰儉賦儉若取之於己也三曰不敢爲天下先執謙退不爲倡始也慈故能勇以爲仁故能勇於忠孝也儉故能廣天子身能節儉故民日用廣矣不敢爲天下先不爲天下首先故能成器長成器長謂得道人也我能爲道人之長也長張丈反今捨慈且勇今世人舍慈仁但爲勇武也舍儉且廣舍其儉約但爲奢泰舍後且先舍其後己但爲人先死矣所行如此動入死地夫慈以戰則勝以守則固夫慈仁者百姓親附并心一意故以戰則勝敵以守衛則堅固天將救之以慈衛之天將救助善人必與慈仁之性使能自當助也

配天第六十八

善爲士者不武言貴道德不好武力善戰者不怒善以道戰者禁邪於胷心絶禍於未萌無所誅怒也善勝戰者不與善以道勝敵者附近以仁來遠以德不與敵爭而敵自服也善用人者爲下善用人自輔佐者常爲人執謙下也是謂不爭之德謂上爲之下也是乃不與人爭之道德也是謂用人之力能身爲人下是謂用人臣之力是謂配天能行此者德配天地古之極是乃古之極要道也

玄用第六十九

用兵有言陳用兵之道老子疾時用兵故託己設其義也吾不敢爲主主先也不敢先舉兵而爲客客者和而不倡用兵當承天而後動不敢進寸而退尺侵人境界利人財寶爲進閉門守城爲退是謂行無行彼遂不止爲天下賊雖行誅之不行執也

無行戶剛反攘無臂雖欲大怒若無臂可攘也攘若羊反仍無敵雖欲仍引之心若無敵可仍也執無兵雖欲執持之若無兵刃可持用也何者傷彼之民羅罪於天遭不道之君愍忍喪之痛也禍莫大於輕敵夫禍亂之害莫大於欺輕敵家侵取不休輕戰貪財輕敵幾喪吾寶幾近也寶身也欺輕敵者近喪身也幾音祈音幾故抗兵相加兩敵戰也哀者勝矣哀者慈仁士卒不遠於死

知難第七十

吾言甚易知甚易行老子言吾所言省而易知約而易行易並以豉反天下莫能知莫能行人惡柔弱好剛強也言有宗事有君我所言有宗祖根本事有君臣天下世人不知者非我之無德不與我反夫唯無知是以不我知夫惟聖人也是我德之暗不見於外窮極微妙故无知也知我者希則我者貴希少

也惟達道者乃能知我故爲貴也**是以聖人被褐懷玉**被褐者薄外懷玉者厚内匿寶藏懷不以示人也褐戸葛反

知病第七十一

知不知上知道言不知是乃德之上**不知知病**不知道言知是乃德之病**夫唯病病是以不病**夫唯能病苦衆人有強知之病是以不自病也**聖人不病以其病病**聖人無此強知之病者以其常苦衆人有此病**是以不病**以此非人也故不自病夫聖人懷通達之知託於不知者欲使天下質朴忠正各守純性小人不知道意而妄行強知之事以自顯著内傷精神減壽消年也

愛己第七十二

民不畏威大威至矣威害也人不畏小害則大害至謂死亡也畏之者當愛精神承天順地也**無狹其所居**謂心居神當寬柔不當急狹也**無厭其所生**人所

以生者為有精神託空虛喜清淨飲食不節忽道念色邪僻滿腹為伐本厭神厭於豔反夫唯不厭是以不厭夫唯獨不厭精神之人洗心濯垢恬泊無欲則精神居之不厭也是以聖人自知自知己之得失不自見不自顯見德美於外藏之於內見賢遍反自愛自愛其身以保精氣不自貴不自貴高榮名於世故去彼取此去彼自見自貴取此自知自愛去羌呂反

任為第七十三

勇於敢則殺勇敢有為即殺身也勇於不敢則活勇於不敢有為則活其身此兩者謂敢與不敢也或利或害活身為利殺身為害天之所惡惡有為也惡烏路反孰知其故誰能知天意之故而不犯是以聖人猶難之言聖人之明德猶難於勇敢況无聖人之德而欲行之乎難乃旦反天之道不爭而善勝天不與人爭貴賤而人自畏之不言而善應天不言萬物自動應以時不召而自來

知病 愛己 任為

天不呼召萬物皆負陰而向陽繟然而善謀繟寬也天道雖寬博善謀慮人事修善行惡各蒙其報也天網恢恢踈而不失天所網羅恢恢甚大雖踈遠司察人善惡無有所失

制惑第七十四

民不畏死治國者刑罰酷深民不聊生故不畏死也治身者嗜欲傷神貪財殺身民不知畏之也柰何以死懼之人君不寬刑罰教民去情欲柰何設刑法以死懼之若使民常畏死當除己之所殘剋教民去利欲也而為奇者吾得執而殺之孰敢以道教化而民不從反為奇巧乃應王法執而殺之誰敢有犯者老子傷時王不先道德化之而先刑罰常有司殺者司殺者天居高臨下司察人過天網恢恢踈而不失也夫代司殺者是謂代大匠斲天道至明司殺者常猶春生夏長秋收冬藏斗杓運移以節度行之人君欲代殺之是猶拙夫代大匠斲木勞而無功也斲陟角反夫代大匠斲者希有不傷手矣人君

行刑罰猶拙人代大匠斲則方圓不得其理還自傷代天殺者失紀綱不得其紀綱還受其殃也

貪損第七十五

民之飢以其上食税之多（人民所以飢寒者以其君上税食下太多）是以飢（民皆化上爲貪叛道違德故飢）民之難治以其上之有爲（民之不可治者以其君上多欲好有爲也）是以難治（是以其民化上有爲情僞難治）民之輕死以其求生之厚（人民輕犯死者以其求生活之道太厚貪利以自危）是以輕死（以求生太厚之故輕入死地也）夫唯無以生爲者是賢於貴生（夫唯獨無以生爲務者爵禄不干於意財利不入於身天子不得臣諸侯不得使則賢於貴生也）

戒強第七十六

人之生也柔弱（人生含和氣抱精神故柔弱也）其死也堅強（人死和氣竭精

神云欲堅強也強其兩反舊其良反萬物草木之生也柔脆和氣存也脆七歲反其死也枯槁和氣去也槁苦老反故堅強者死之徒柔弱者生之徒以其上二事觀知之知堅強者死柔弱者生也是以兵強則不勝強大之兵輕戰樂殺毒流怨結衆弱爲一強故不勝木強則共木強大枝弱共生其上也強大處下柔弱處上興物造功大木處下小物處上天道抑強扶弱自然之效

天道第七十七

天之道其猶張弓乎天道暗昧舉物類以爲喻也高者抑之下者舉之有餘者損之不足者與之言張弓和調之如是乃可用夫抑高舉下損強益弱天之道也天之道損有餘而補不足天道損有餘而益謙常以中和爲上人之道則不然人道則與天道反也損不足以奉有

餘世俗之人損貧以奉富奪弱以益强也孰能有餘以奉天下唯有道者言誰能居有餘之位自省爵祿以奉天下不足者乎唯有道之君能行也是以聖人爲而不恃聖人爲德施不恃其報也功成而不處功成事就不處其位其不欲見賢不欲使人知己之賢匿功不居榮畏天損有餘也

任信第七十八

天下柔弱莫過於水圓中則圓方中則方擁之則止決之則行而攻堅强者莫知能勝水能懷山襄陵磨鐵消銅莫能勝水而成功也其無以易之夫攻堅强者無以易於水易入聲弱之勝强水能滅火陰陽消陽柔之勝剛舌柔齒剛齒先舌亡天下莫不知知柔弱者長久剛强者折傷也莫能行恥謙卑好强梁故聖人云謂下事也受國之垢是謂社稷主君能愛國垢濁

者若江海不逆小流則能長保其社稷爲一國君主也垢古口反受國之不祥是謂天下王君能引過自與代民受不祥之殃則可以王有天下正言若反此乃正直之言世人不知以爲反言

任契第七十九

和大怨殺人者死傷人者刑以相和報必有餘怨任刑者失人情必有怨及於良人也安可以爲善言一人吁嗟則失天心安可以和怨爲善也是以聖人執左契古者聖人執左契合符信也無文書法律刻契合符以爲信也而不責於人但刻契之信不責人以他事也有德司契有德之君司察契信而已無德司徹無德之君背其契言司人所失天道無親常與善人天道無有親疎唯與善人則與司契者也

獨立第八十

小國寡民聖人雖治大國猶以爲小儉約不奢泰民雖衆猶若寡少不敢勞之也使有什

伯使民各有部曲什伯貴賤不相犯也人之器而不用器謂農人之器而不用不徵召奪人良時也使民重死君能爲民興利除害各得其所則民重死而貪生也而不遠徙政令不煩則安其業故不遠遷徙離其常處雖有舟轝無所乘之清靜無爲不作煩華不好出入游娛也雖有甲兵無所陳之無怨惡於天下使民復結繩而用之去文反質信無欺也甘其食甘其蔬食不漁食百姓也美其服美其惡衣不貴五色安其居安其茅茨不好文飾之屋樂其俗樂其質朴之俗不轉移也樂音洛鄰國相望雞狗之聲相聞相去近也民至老不相往來其無情欲

顯質第八十一

信言不美信者如其實不美者朴且質也美言不信滋美之言者孳孳華詞不信者

飾僞多空虛也。善者不辯，善者以道修身，不綵文也。辯者不善。辯者謂巧言也。不善者舌致患也。山有玉，掘其山；水有珠，濁其淵；辯口多言，亡其身。知者不博，知者謂知道之士，不博者守一元也。博者不知。博者多見聞，不知者失要眞也。聖人不積，聖人積德不積財，有德以教愚，有財以與貧也。旣以爲人己愈有，旣以爲人施設德化，己愈有德。旣以與人己愈多。旣以財賄布施與人，而財益多，如日月之光，無有盡時也。天之道利而不害，天生萬物，愛育之令長大，無所傷害也。聖人之道爲而不爭。聖人法天所施爲，化成事就，不與下爭功名，故能全其聖功也。

河上公老子德經終

圖書在版編目(CIP)數據

宋刊老子道德經/(漢)河上公章句．—福州：福建人民出版社，2008.8(2025.7 重印)

(宋元閩刻精華)

ISBN 978-7-211-05781-8

Ⅰ．宋…　Ⅱ．河…　Ⅲ．道家　Ⅳ．B223.1

中國版本圖書館 CIP 數據核字(2008)第 117981 號

宋刊老子道德經

作　　者：(漢) 河上公　章句

責任編輯：劉挺立

出版發行：福建人民出版社　　**電　　話：**0591-87533169 (發行部)

網　　址：http://www.fjpph.com　　**電子郵箱：**fjpph7211@126.com

地　　址：福州市東水路 76 號　　**郵政編碼：**350001

經　　銷：福建新華發行(集團)有限責任公司

印　　刷：福州萬達印刷有限公司

地　　址：福州市閩侯縣荆溪鎮徐家村 166-1 號

開　　本：889mm×1194mm　1/16

印　　張：6

字　　數：101 千字

版　　次：2008 年 8 月第 1 版

印　　次：2025 年 7 月第 12 次印刷

書　　號：ISBN 978-7-211-05781-8

定　　價：38.00 元
